«Typisch Dreiland!»

Peter Gaymann

Lörracher Hefte 38

Willkommen
(Tusche-Aquarell, 2024)

Inhalt

Vorweg

Dreiland-Alltag, Mentalitäten und Klischees im Museum – Zur Konzeption einer humorvollen Ausstellung

Ausstellungsfahne
(Foto: Waltraut Hupfer)

Was ist typisch für das Dreiland? Vielfalt zeichnet das Zusammenleben im Dreiländereck rund um Basel, Mulhouse und Lörrach aus. Die Lieblingsfarbe ist zwar überall Blau, das Lieblingshaustier überall die Katze, und Deutschland, Frankreich und die Schweiz zählen zu den sechs Ländern mit den meisten Patentanmeldungen weltweit. Neben zahlreichen verbindenden gemeinsamen Prägungen gibt es aber auch spannende, kleine und große Unterschiede.

Cartoons von Peter Gaymann

Peter Gaymann, einer der bekanntesten und beliebtesten Cartoonisten Deutschlands, ließ sich für eine Ausstellung im Dreiländermuseum gewinnen und vom Thema „Typisch Dreiland" auch zu neuen, speziell für dieses Projekt angefertigten Cartoons inspirieren. Natürlich sind auch Gaymanns berühmte Hühner dabei: Man sieht sie schon an der Fassade des Dreiländermuseums, Hühnerspuren führen an den Eingang des Museums und direkt zur Ausstellung, Hühner fliegen aufgeregt im Foyer umher.

Blick in die Ausstellung
(Foto: Axel Hupfer)

Gemeinsam mit dem Künstler, dem mit ihm befreundeten Kurator Wolfgang Baaske und dem Museumsteam ist mit einem Mix aus klassischer Kunstausstellung und kulturgeschichtlichem Kontext eine außergewöhnliche Ausstellungskonzeption entstanden.

In rund 70 Cartoons blicken, neben den Hühnern als moderne Fabeltiere, auch die Menschen über die Grenzen und zeigen uns den Alltag, gemeinsame und unterschiedliche Mentalitäten, Verhaltensweisen und Klischees aus allen Lebensbereichen in Frankreich, in der Schweiz und in Deutschland. Mit feinem Humor und treffendem Witz beleuchtet Peter Gaymann, in Südbaden aufgewachsen, dabei menschliche Stärken und Schwächen. Vor allem diesen Hauptteil der Ausstellung hat Wolfgang Baaske sorgfältig ausgewählt und zusammengestellt. Die Ausstellungsgestaltung lag in den Händen von Aurea Hardt.

In einem zweiten Teil der Ausstellung werden die Biografie Gaymanns, seine Arbeitsweise, seine vielfältigen Arbeitsfelder und sein gesellschaftliches Engagement vorgestellt. Hier gibt es auch das gut genutzte Angebot, selbst zum Zeichenstift zu greifen. Dem Künstler und Menschen Peter Gaymann kommt man in diesem Ausstellungskatalog auch durch ein Interview näher, in dem er von seinen Anfängen als Zeichner und Cartoonist, der erfolgreichen Entdeckung der Hühner, seinen persönlichen Beziehungen zu Südbaden, zur Schweiz, zum Elsass und zu Frankreich sowie von seinem Verständnis von Humor erzählt. Natürlich darf der Hinweis nicht fehlen, dass sein erstes Hardcover-Buch 1979 im Verlag Waldemar Lutz erschienen ist – in Lörrach …

Blick in die Ausstellung
(Foto: Axel Hupfer)

Typisch Dreiland

In einem dritten Ausstellungsteil haben die Ausstellungsmacher, zusätzlich zur von Peter Gaymann meisterlich beherrschten Kunstform der Cartoons, die Schau um symbolische, exemplarische, dem Alltag entnommene Exponate und Informationen ergänzt. So werden mit einem Schmunzeln auf den Lippen und ohne jeden Anspruch auf Vollständigkeit grundlegende, bisweilen überraschende Fakten und

Strukturen deutlich. „Typisch Dreiland!“ ermöglicht in diesem Zusammenspiel einen humorvollen und vielseitigen Blick auf die Besonderheiten des Zusammenlebens im Elsass, in der Nordwestschweiz, in Baden – und darüber hinaus.

Ein gelber Spielzeug-Omnibus der Marke Saurer steht für den „Kantönligeist“: Die Schweiz ist ein föderaler Staat mit 26 gleichberechtigten Kantonen (darunter sechs Halbkantone). Trotz der herausfordernden Topografie mit den Alpen in der Mitte wird der flächendeckende Versorgungsauftrag ernst genommen: Dafür stehen die Schweizer Post-Omnibusse, mit denen man zuverlässig und pünktlich fast in jeden Ort der Schweiz gelangt. Frankreich ist dagegen ein Zentralstaat: Viele Entscheidungen werden nicht in den 27 Regionen (mit 101 Departements), sondern in Paris entschieden. Das Wahrzeichen der Hauptstadt Frankreichs ist seit 1889 der Eiffelturm. Bei der Eröffnung protestierte die Bevölkerung gegen das „hässliche Bauwerk“, heute zieht es jedes Jahr rund 6 Millionen Besucher an. Und nach einer wechselvollen Geschichte ist Berlin nach dem Mauerfall 1989 wieder Hauptstadt eines geeinten Deutschland. Das Brandenburger Tor ist das Symbol – auch wenn Deutschland mit 16 Bundesländern eine große Vielfalt aufweist.

Globus
(Acryl und Edding auf Kunststoff, 2018 bis 2024, Foto: Axel Hupfer)

Grundlegend – verbindend und trennend – ist die Sprachenvielfalt: Im Dreiland werden hauptsächlich drei „Sprachen“ gesprochen: Deutsch, Französisch ... und Alemannisch. Das gilt auch für die Medien. Für die schweizerdeutschen Dialekte gibt es Kurse und unterhaltsames Lehrmaterial.

Der grenzüberschreitende Konsum ist ein weiteres Alltags-Thema im Dreiland: Es hat seinen Reiz, in einem anderen Land einzukaufen, und von 1995 bis 2013 gab es sogar eine Filiale des genossenschaftlichen Schweizer MIGROS-Konzerns in Lörrach. Vor 50 Jahren kauften viele Deutsche günstig in der Schweiz ein, heute ist es umgekehrt: Währungskurs und Preisniveau bringen viele Schweizer nach Südbaden, wo sie nach dem Einkauf mit dem „grünen Zettel" auch die Differenz der Mehrwertsteuer rückerstattet bekommen. Schweizer Einzelhändler organisieren daher Werbekampagnen fürs Einkaufen im eigenen Land.

Oberbürgermeister Jörg Lutz bei der Vernissage-Begrüßung im Lörracher Museumshof
(Foto: Waltraut Hupfer)

Thema sind auch Zoll und Schmuggel, grenzüberschreitende Proteste gegen grenznahe Atomkraftwerks-Pläne, Klischees mit Wahrheitsanteilen wie die Schwarzwaldromantik mit Bollenhut, die Idylle der Schweizer Bergbauernwelt mit Käse, Kuhglocke und Alphornbläsern (obwohl im hochentwickelten Land nur noch 3,1 % der Erwerbstätigen in der Land- und Forstwirtschaft arbeiten) oder das französische Savoir-vivre mit gutem Essen und gutem Wein, dem Boulespiel und der 35-Stunden-Arbeitswoche. Schaut man auf aktuelle Umfragen zur Lebenszufriedenheit und Lebensqualität, können die Schweiz und Deutschland aber mittlerweile durchaus mithalten.

Blick in die Ausstellung
(Foto: Axel Hupfer)

Emil Steinberger und seine Frau Niccel am Vernissage-Abend
(Foto: Waltraut Hupfer)

Nachdenken über Mentalitäten - mit Humor

„Wie schön, wenn im Museum gelacht wird!“ hat Emil Steinberger, der berühmte Schweizer Kabarettist, Schauspieler und Autor, als prominenter Gast zur Vernissage der Ausstellung geschrieben. „Dreiland ist auch, über die (echten und vermeintlichen) Unterschiede lächeln zu können“ lautet ein weiterer Eintrag im Besucherbuch. „Peter Gaymanns Cartoons im Dreiländermuseum sind nicht nur eine Hommage ans Lachen, sondern auch ein kultureller Kommentar zu den Beziehungen zwischen den Nachbarländern“ urteilt eine Stimme aus Stuttgart.

Dabei sind die Alltagsbeziehungen, Mentalitäten und kulturelle Prägungen gar nicht leicht zu fassen. Mentalität ist eher ein schillernder Begriff, der kollektive Bewusstseinszustände bezeichnet. Der erste systematische Anlauf, verbindende Einstellungen, Gedanken und Gefühle von Menschen einer Epoche zu beschreiben und zu erklären, wurde von Historikerinnen und Historikern in der ersten Hälfte des

Blick in den Zeichenbereich (Foto: Axel Hupfer)

20. Jahrhunderts vor allem in Frankreich unternommen, unter anderem hier am Oberrhein an der Universität Strasbourg. Mentalitäten hängen eng mit der kulturellen Identität von Gesellschaften und Milieus zusammen, mit kulturellen Prägungen wie einer gemeinsamen Sprache, Religion, Nation, mit Wertvorstellungen, Sitten und Gebräuchen. Dabei muss man sich klarmachen: Mentalitäten und kulturelle Identitäten bilden sich in der Geschichte heraus, wandeln sich ständig, passen sich veränderten Lebensumständen an, nehmen neue Impulse auf. Sie sind nichts Statisches, Unveränderliches. Beachtet man das nicht, entstehen starre, schablonenhafte Klischees, Stereotype, Vorurteile – die die Wirklichkeit nicht richtig erfassen, sogar auf gefährliche Weise ab- und ausgrenzen können.

Auf der anderen Seite ist aber auch ganz deutlich: Das Nachdenken über unsere eigenen kulturellen Prägungen und die unserer Nachbarn im Dreiland ist wichtig für ein tiefergehendes gegenseitiges Verständnis. Das gilt für die Geschichte des Dreilandes, aber auch für die Gegenwart und für die Zukunft. Und es ist spannend, manchmal amüsant, oft überraschend und lehrreich, die Konstanz und den Wandel von Mentalitäten und kulturellen Identitäten im Lauf der Zeit zu beobachten. Und gerade, weil es so schwierig ist, ganz trennscharfe Kriterien und Kategorien dafür zu formulieren, eignen sich Kunst und Humor besonders gut, sich dem Thema anzunähern.

Museumsleiter Jan Merk mit dem Kurator Wolfgang Baaske und dem Künstler Peter Gaymann an der Vernissage der Sonderausstellung im Dreiländermuseum Lörrach
(Foto: Barbara Ruda)

Auch bei der Weiterentwicklung des Dreiländermuseums in Lörrach wird daher eine kultur-, kunst- und alltagsgeschichtliche Öffnung der bisher vorwiegend historisch-politischen Betrachtungsweise eine Rolle spielen. Sowohl die Ausstellung „Typisch Dreiland!“ als auch der Ausstellungskatalog verstehen sich als eine abwechslungsreiche, humorvolle Einladung, sich mit den Besonderheiten des Zusammenlebens mit unseren jeweiligen Nachbarn im Dreiland zu beschäftigen. Dabei können wir uns auch schmunzelnd unserer Eigenarten vergewissern und zugleich unseren Horizont erweitern.

Jan Merk
Leiter Dreiländermuseum Lörrach

Boularden
(Tusche-Aquarell, 2014)

Typisch Dreiland!

Cartoons von Peter Gaymann und Hühnergegacker aus der Ausstellung

Cartoons sind eine grafische Gattung, in der eine Geschichte komisch oder satirisch in einem Bild entweder ohne Worte oder mit kurzem, pointierten Text wiedergegeben wird. Ursprünglich ist der Begriff abgeleitet vom französischen "carton" für auf Pappe gezeichnete Entwürfe für Wandbilder. Cartoons fanden im 19. und 20. Jahrhundert auch in englisch- und deutschsprachigen Zeitschriften weite Verbreitung. Anders als die tagesaktuelle, meist politische Karikatur, die bewusst überzeichnet, nimmt ein Cartoon Alltagskonflikte, Situationskomik, gesellschaftliche Themen oder langfristige Prägungen innerhalb bestimmter Milieus in den Blick.

Schon als Kind zeichnete Peter Gaymann gerne selbst erfundene Geschichten. Später beeindruckte ihn bei Tomi Ungerer, F.K. Waechter oder Sempé die „Verbindung von kreativen, literarischen und handwerklichen Fertigkeiten, die man als Cartoonzeichner braucht“, wie er einmal der Süddeutschen Zeitung erzählte. Für die trinationale Region am Oberrhein, so Bettina Schulte in der Badischen Zeitung, sei Gaymann die „freundliche badische Variante des großen elsässischen Karikaturisten Tomi Ungerer“ mit einer eher empathisch-versöhnlichen statt einer bissigen, zuweilen derben Haltung. Sein künstlerischer Stil ist von ausgefeiltem Sprachwitz, feinen, leichten, flüssigen Strichen und intensiver, bunter Farbigkeit geprägt.

In der Auswahl für diesen Katalog werden die Cartoons zu Deutschland, der Schweiz und Frankreich jeweils mit „Hühnergegacker“ aus der Ausstellung eingeleitet.

Typisch deutsch!?

Hühnergegacker über Klischees, Vorurteile, Mentalitäten und Statistiken zum Schmunzeln – und Nachdenken.

89 Liter

Bier gilt als das deutsche Nationalgetränk, gebraut nach dem Reinheitsgebot von 1516. Im Vergleich zu Frankreich und der Schweiz ist der jährliche Pro-Kopf-Konsum mit 89 Litern am höchsten. Mit 33 Litern ist er in Frankreich am niedrigsten, obwohl es dort die meisten Brauereien gibt.

6

46,5 %

„Schaffe, schaffe, Häusle baue“: Die Deutschen sparen viel, doch wird es immer schwieriger, Wohneigentum neu zu schaffen oder zu erwerben. Die Wohneigentums-Quote liegt hier mit 46,5 % fast so niedrig wie in der Schweiz mit 42,3 %. In Frankreich leben 63,4 % in den eigenen vier Wänden.

Heimat

Das deutsche Wort „Heimat“ gibt es in keiner anderen Sprache. Es ist ein stark emotional aufgeladener Begriff, der die Geborgenheit in der vertrauten Umgebung bezeichnet.

234,3/km²

Deutschland ist mit 234,3 Einwohnern pro Quadratkilometer das am dichtesten besiedelte der drei Länder. Frankreich weist mit 123,8 Bewohnern die geringste Bevölkerungsdichte auf.

Kartoffel …

Die Kartoffel gilt als typisch deutsches Nahrungsmittel. Auch wenn die „pommes frites" ursprünglich aus Belgien stammen, gibt es mit Kartoffelsalat, Kartoffelpuffern, Kartoffelpüree oder Kartoffelsuppe oft Kartoffelspeisen auf deutschen Esstischen.

0.000

„Treffen sich drei Deutsche, gründen sie einen Verein": Über 600.000 Vereine gibt es in Deutschland, neben Musik- und Sportvereinen sind darunter auch der „Club der schönsten Bärte", Vereine zum Lachen oder für die Spätzle-Kultur.

Recycling

Ökologisches Bewusstsein: Von außen wird Deutschland oft als „Land der Mülltrennung" wahrgenommen, Nachhaltigkeit ist ein wichtiges politisches Ziel. Das gilt aber auch anderswo: Die Schweiz behauptet von sich, „Weltmeister im Recycling" zu sein: 93 % der Glasflaschen, 91 % der Getränkedosen und 83 % der PET-Flaschen werden dort wiederverwertet.

O Tannenbaum …

Weihnachtstradition: Der wohl größte lebende Tannenbaum Deutschlands steht im Schlossgarten von Schmieheim im Ortenaukreis und wird jährlich mit 12.000 LED-Lichtern bestückt. Im benachbarten Straßburg befindet sich auf der Place Kléber mit 30 Metern einer der höchsten natürlichen Weihnachtsbäume der Welt.

Kuckuck!

Auch wenn Uhren eigentlich ein Markenzeichen der Schweiz sind – die größte Kuckucksuhr der Welt steht in Triberg im Schwarzwald. Ihr Uhrwerk misst 4,50 x 4,50 Meter, allein der Kuckuck wiegt 150 Kilogramm. Auch die größte Turmuhr der Welt stammt aus Baden-Württemberg – und steht in Saudi-Arabien.

Lörrach im Dreiland

(Tusche-Aquarell, 2024)

Toskana Deutschlands
(Offsetdruck auf Papier, 2014)

Also:
1x Wurstsalat mit Brägele
1x Elsässer Wurstsalat
und 1x Veganer Wurstsalat
Ohne Zwiebel!
T. GAY

Wurstsalat
(Tusche-Aquarell, 2014)

Wirklich Bio?
(Tusche-Aquarell, 2014)

Gefahren des Schwarzwalds
(Tusche-Aquarell, 2014)

Gefahren des Schwarzwalds

Sturm auf dem Schauinsland

Badisch für Anfänger
(Offsetdruck, 2014)

Berufswunsch
(Tusche-Aquarell, 2001)

YOGA
... FÜR SCHWARZWÄLDER/INNEN
- Die Höllentalbrücke -
- Der tote Hirsch -
- Die Kuckucksuhr -
Die Schwarzwaldtanne -
- Die Bachforelle -
- Der elektrische Weidenzaun -
- Der Schneepflug -
- Der Feldbergturm -
- Die Kirschtorte -
T. GAY

Yoga für Schwarzwälder/innen
(Posterdruck, 2011)

Heiratsantrag auf Badisch
(Tusche-Aquarell, 2014)

Du sein deutsch?
(Tusche-Aquarell, 2024)

Das muss der Kaiserstuhl sein
(Offsetdruck, 2014)

Typisch schweizerisch!?

Hühnergegacker über Klischees, Vorurteile, Mentalitäten und Statistiken zum Schmunzeln – und Nachdenken.

Röstigra

Als „Röstigraben“ wird die Sprachgrenze zwischen dem deutschsprachigen und dem französischsprachigen Teil der Schweiz bezeichnet. Er steht auch für die realen und „gefühlten“ Unterschiede in Mentalität, Kultur und politischem Abstimmungsverhalten.

Sorgfalt

Sorgfalt: In der Schweiz gibt es Spülmaschinen, die eine spezielle Fondue-und Raclette-Reinigungs-Funktion haben. Und Meerschweinchen darf man hier nicht alleine halten. Stirbt ein Tier, gibt es in der Schweiz spezielle Agenturen, bei denen Ersatzpartner für das überlebende Tier gemietet werden können.

2.00

Privat!

Es ist kein Klischee: Die Schweizer schätzen ihr Privatsphäre. Ein Schweizer besitzt die welt weit größte Sammlung von „Bitte nicht stören“- Schildern – mit Beispielen aus 189 Ländern.

Drei Reben …

In der Schweiz steht der kleinste Rebberg der Welt: Drei Reben auf 1,67 m^2 im Wallis gehören dem Dalai Lama.

Schweizerkreuz

Das Schweizerkreuz wird nicht nur als Nationalfahne, sondern auch auf vielen Produkten verwendet: vom Taschenmesser bis zum Käse und zur Schokolade.

11.674

n

Die Schweiz hat die längste Treppe der Welt. Auf 11.674 Stufen und mit 1.723 Metern Höhenunterschied kommt man auf den Niesen in den Berner Alpen, der wegen seiner Form auch „Pyramide der Schweiz" genannt wird.

Jo-hol-di-o-u-ri-a!

In der Schweiz sind über 20.000 Menschen in Jodlervereinen organisiert –ursprünglich kommt das Jodeln aber aus Tirol.

) km

: Schweizerinnen und Schweizer reisen mehr Kilo-eter mit der Bahn als irgendjemand sonst auf der ·elt – über 2.000 Kilometer pro Kopf im Jahr. Und mit ;7 Kilometer Länge ist der Gotthard-Tunnel der längste Eisenbahntunnel der Welt.

Mehr als doppelt

Wohlstand: Aus dem einst armen Bergbauernland ist eine der wohlhabendsten Nationen der Welt geworden: Das Erwerbseinkommen der Schweiz ist mehr als doppelt so hoch wie in Deutschland und Frankreich.

Weltrekord

Den Weltrekord im Cannabis-Konsum hält die Schweiz.

Dauerparkplätze
(Tusche-Aquarell, 2024)

Den Nachbarn verstehen!
(Tusche-Aquarell, 2024)

Wir sind sehr gern in der Schweiz. Wir lieben Tunnels!
80
P
J. GAY

Tunnels
(Tusche-Aquarell, 2024)

Wer hat's erfunden?
(Tusche-Aquarell, 2024)

Tempolimit
(Tusche-Aquarell, 2024)

Achtung Klischee!

Huhn trifft Schweizer ...

Hä nai!
(Tusche-Aquarell, 2024)

Was wollen Sie in der Schweiz?
(Tusche-Aquarell, 2024)

Was wollen Sie in Deutschland?
(Tusche-Aquarell, 2024)

Käsefondue
(Tusche-Aquarell, 2023)

Brems
(Tusche-Aquarell mit Buntstift, 2010)

Der berühmteste Schweizer
(Tusche-Aquarell, 2024)

Yoga für Schweizer
(Posterdruck, 2011)

YOGA
FÜR SCHWEIZER
Der Tell-Gruß
Das Alphorn
Der Gotthard-Tunnel
Das Matterhorn
Das Taschenmesser
Der Emmentaler
Der Franken
Der Bernhardiner
Die Lawine
P. GAY

Typisch französisch!?

Hühnergegacker über Klischees, Vorurteile, Mentalitäten und Statistiken zum Schmunzeln – und Nachdenken.

Savoi…

„Leben wie Gott in Frankreich" – Frankreich gilt als Land, in dem man das Leben genießt.

1x, 2x, 3x, 4x

Bisous: In Frankreich begrüßt man sich mit Wangenküsschen – einmal bei Menschen, die man gerade kennenlernt oder nicht so mag, zweimal (rechts und links) bei den meisten, dreimal für Familie und enge Freunde und viermal in Paris.

6.000.000.0…

Jährlich werden in Frankreich 6 Milliarden Baguettes verkauft – am Tag also durchschnittlich ein halbes Baguette pro Person. Und: Frankreich hat geschätzt rund 1.200 verschiedene Käsesorten.

Kino

Das Kino ist eine französische Erfindung – bis heute ist die Filmindustrie eine wichtige Kulturbranche und der französische Film ein Markenzeichen.

Liberté, Égalité, Fraternité

Liberté, Égalité, Fraternité – seit der Französischen Revolution bewegt Politik die Öffentlichkeit stark. Anders als in der konsensorientierten Schweiz werden in Frankreich weniger Kompromisse als klare Gegensätze in der öffentlichen Debatte ausgefochten.

vivre

Urlaub

Mit 90 Millionen Touristen war Frankreich 2019 das beliebteste touristische Reiseziel der Welt. Auch die Französinnen und Franzosen bleiben im Urlaub überwiegend im eigenen Land: an der Côte d´Azur, in der Provence oder an der Atlantikküste.

00

Markttradition

Frankreich ist stolz auf seine besondere Markttradition. Der größte Markt weltweit für frische Produkte ist der Pariser Großmarkt. In Mulhouse befindet sich der größte Wochenmarkt von Nordostfrankreich.

Rond-points

Frankreich hält den Rekord an Verkehrskreiseln: mit rund 30.000 „rond-points“, die oft mit sehr fantasievollen Kunstwerken bestückt sind.

Hommage à Tomi Ungerer
(Tusche-Aquarell mit Buntstift, 2016)

Coq au vin
(Tusche-Zeichnung mit Buntstift, 1991)

Enten unter Artenschutz
(Tusche-Aquarell mit Filzstift, 2024)

Nationaleiertag

(Tusche-Aquarell, 2024)

Hommage à Paul Cézanne
(Tusche-Aquarell, 2011)

Cézanne überlegt, was er als nächstes malen soll.

CHATEAU MO
GRAND VIN
Das ist das berühmte Chateau, das sie auf allen unseren Etiketten finden.
T. GAY

Weinetiketten
(Tusche-Aquarell, 2005)

Long vehicle
(Tusche-Aquarell mit Buntstift, 2024)

Die „Göttin“
(Tusche-Aquarell, 2024)

Einkauf im Elsaß
(Tusche-Aquarell, 2014)

Interview

Das Dreiland mit dem Zeichenstift entdecken
Ein Gespräch mit Peter Gaymann

Jan Merk

Sie sind in Freiburg geboren und aufgewachsen. Später haben Sie in Köln gelebt, in Rom, jetzt in der Nähe des Starnberger Sees. Was bedeutet Ihnen das Dreiland? Welche Beziehung hatten und haben Sie zum Elsass und zu Frankreich, zur Schweiz und zur Südwestecke Deutschlands?

Peter Gaymann

Nach wie vor spüre ich die Nähe und Verbundenheit mit Freiburg, mit dieser Region, in der ich aufgewachsen bin. Ich habe zwar, wie Sie es angesprochen haben, in meinem Leben schon mehrere größere Umzüge hinter mir. Trotzdem komme ich mehrmals im Jahr als Besucher zurück in mein „Nest".

Schon wenn ich mich auf der A5 südlich von Karlsruhe befinde, sehe ich rechts die Vogesen („This is Ungerer-Land") und links den Schwarzwald („This is my land"). Erinnerungen kommen hoch an meine Kindheit: Man fuhr im Frühling nach Gérardmer, um sein Auto mit Narzissen zu schmücken. Oder der Vater fuhr mit uns Buben in den Basler Zoo oder zum Flughafen Zürich-Kloten, große Flugzeuge gucken. Oder ich sehe mich als Student mit Freunden in Colmar die ersten Froschschenkel essen. Mein erstes Illustrationsprojekt, so etwa 1977, waren Zeichnungen aus dem Elsass.

Der liebevolle Blick und der kritische Blick auf meine Heimat (ja, es ist für mich Heimat) sind mir geblieben. In Freiburg treffe ich meine beiden Brüder, besuche gute Freunde, arbeite mit Winzern aus dem Kaiserstuhl oder dem Markgräflerland. Gebe Signierstunden in Freiburger Buchläden (jedes Mal ein Heimspiel). Manchmal verbringen wir die Weihnachtsferien im „Spielweg" im Münstertal oder in Todtnauberg im Haus eines ziemlich besten Freundes. Muss dann natürlich sofort Wurstsalat und „Brägele" essen. Und Weihnachten ohne Linzertorte geht gar nicht.

Jan Merk

Wie lange mussten Sie überlegen, im Dreiländermuseum zum Thema „Typisch Dreiland!" auszustellen?

Peter Gaymann

Die Idee hat mich sofort begeistert. Im Grunde eine längst überfällige Idee. Mir war sofort klar, das Thema Nachbarländer ist spannend. Was verbindet uns, was trennt uns? Großes Potenzial für neue Cartoons. Zeichnerische, humorvolle Ideen zum Thema Schweiz, Frankreich, Deutschland könnten in diesem Museum Nachdenken und Diskussionen anstoßen. Im Zusammenspiel mit Ihnen, Herr Merk, als neuem Museumsleiter und mit meinem Freund und Kurator Wolfgang Baaske entwickelte sich in kürzester Zeit eine vielversprechende Konzeption.

Die Alternative
(um 1980)

Jan Merk

In Freiburg haben Sie zunächst Sozialpädagogik studiert – Menschen und ihre Verhaltensweisen haben Sie wohl schon immer interessiert. Wie sind Sie zum Cartoonzeichnen gekommen? Und welche Rolle hat Südbaden bei Ihren Anfängen gespielt?

Peter Gaymann

Freaki, Flippi und Sponti
(Tusche, um 1980)

Mitte der 70er-Jahre, ich war damals Student der Fachhochschule für Sozialwesen in Freiburg-Herdern, bin ich während der Vorlesungen häufig ausgebüchst und auf den Schlossberg marschiert. Mit Skizzenbuch und Stiften habe ich mich unter einen Baum oder auf eine Parkbank gesetzt und gezeichnet. So gut ich es damals eben konnte. Die vor mir liegende Stadt, die umliegenden Villen, einen knorrigen Baum ... alles war gut genug als Motiv.

Ich liebte diesen Blick von da oben, ich war innerhalb weniger Minuten dem Alltag enthoben. Im Westen sah ich den Kaiserstuhl und davor die Orte in der March. In Buchheim lebten meine Großeltern. Bei ihnen habe ich als Kind zusammen mit meinem Bruder oft die Schulferien verbracht. Schon als Sechs- oder Siebenjähriger habe ich dort die Störche gezeichnet, die auf dem alten Schulhaus ihr Nest hatten. Wie sie da so elegant geflogen kamen und klappernd von ihrem Partner begrüßt wurden, das hat mich beeindruckt. Die Stadt Freiburg lag wie hingegossen am Schwarzwaldrand. Dahinter der Schönberg und dann im Dunst die Weinberge des Markgräflerlandes. Ach wie romantisch! Und Gott sah, dass alles gut war ... wie es schon in der Bibel heißt.

War denn alles gut? Sah man da nicht in der Ferne das AKW Fessenheim auf der anderen Seite des Rheins? Sah man nicht in den Altstadtgässle die Geschäftemacher, die alteingesessene Freiburger aus ihren Häusern ekelten, um neue, schmucke Apartments für teures Geld anzubieten? Und war man etwa nicht im Begriff, den Kaiserstuhl im wahrsten Sinne des Wortes plattzumachen? Meine kritischen Zeichnungen dazu erschienen dann in Literaturzeitschriften wie dem Nachtcafé oder wurden als Postkartenserie angeboten und waren damals meine ersten Veröffentlichungen.

Ab 1978 druckte dann auch die Badische Zeitung meine Zeichnungen. Über Jahre hinweg erschien jede Woche ein Bild unter dem Titel GAYMANNS TIERISCHE BLÄTTER. Und es erschienen erste, selbstverlegte und selbstgedruckte Bücher, wie zum Beispiel DIE TENNIS-CHAMPIONS. Der Verleger Waldemar Lutz aus Lörrach hat das Buch entdeckt und daraus ein „richtiges" Geschenkbuch gemacht, das dann auch in alle Buchläden kam. Ich bin ihm noch heute dankbar.

Jan Merk

Neben der Zeichnung ist der Sprachwitz ein wichtiges Instrument, mit dem Sie arbeiten. Wie gehen Sie beim Anfertigen Ihrer Cartoons vor?

Peter Gaymann

Meistens arbeite ich an einem neuen Buchprojekt. Da muss ich mir 60 bis 100 neue Motive zu einem Thema ausdenken. Ich habe in meinem Atelier viele Skizzenbücher, in die ich erste Ideen-Skizzen und Textfragmente hineinzeichne. Brainstorming eben. Manchmal fällt mir der Text für eine Sprechblase zuerst ein, manchmal umgekehrt. Die für mich besseren Entwürfe entwickle ich weiter. Charaktere müssen geschaffen werden, die in einem passenden Ambiente agieren. Es kommt auf Kleinigkeiten an. Ein Augenaufschlag, eine Geste, eine Haltung … es muss ein Bild entstehen, das der Betrachter sofort begreift. Wie sagte schon Karl Valentin: Kunst ist schön, macht aber viel Arbeit.

Wenn alles stimmt, lege ich die sogenannte Reinzeichnung an. Ich übertrage die Skizze mit der Feder auf ein gutes Papier und aquarelliere sie. Auch im Aquarellieren kann man sich ein Leben lang üben. Ich lege nicht nur Wert auf den Witz, sondern immer auch auf eine gute Zeichnung. Im Zweifel für die Zeichnung.

Tennis Champions
(Buchcover, Lörrach, 1979)

Jan Merk

Wann traten die Hühner in Ihr Leben? Und warum spielen sie bis heute eine so wichtige Rolle in Ihrer Arbeit?

Peter Gaymann

Die ersten Hühner tauchten Anfang der 80er-Jahre in der Badischen Zeitung auf, wurden aber auch schnell von anderen Zeitungen wie zum Beispiel der Berliner taz gedruckt. Ich habe mich nie für das Huhn als meine Figur entschieden, sondern das Huhn hat sich für mich entschieden. Das Huhn wurde zum Selbstläufer. Einer hat mal geschrieben: Die Hühner leben als Familie im Hühnerhof. Es gibt die Hackordnung, es gibt den Gockel, sie haben Kinder und produzieren etwas, die Eier. Wenn es mir gelingt, diese Hühnerwelt mit unserer menschlichen Welt zu verbinden, etwa indem die Hühner auch sprechen wie wir, dann entsteht die Fallhöhe, die uns zum Schmunzeln bringt. Und dass Tiere stellvertretend für Menschen stehen, kennen wir aus den Fabeln, etwa der schlaue Fuchs, die weise Eule oder der Gockel als Macho.

Wenn ein Paar in einer Ausstellung vor einem meiner Bilder steht und feststellt, dass das auch sie sein könnten, die da in der Küche so dummes Zeug reden, dann lachen sie – stellen aber zugleich in der Zeichnung Unterschiede zu sich fest. Zeichne ich dieselbe Szene mit einem Huhn und einem Hahn, dann steht das Paar vor dem Bild und sagt: Das sind genau wir!

Und nur zur Info: Ich habe auch 30 Jahre lang in der Zeitschrift Brigitte die Serie PAAR PROBLEME gezeichnet, ohne ein einziges Huhn abzubilden. Das glauben mir manche Frauen bis heute nicht. Warum ausgerechnet das Huhn eine so große Rolle in meinem Werk spielt, müsste ich mal mit einem Psychologen besprechen ...

Jan Merk

Sie beobachten Menschen – und bringen mit viel Fingerspitzengefühl alltägliche Situationen mit spitzer Feder auf den Punkt, ohne zu verletzen. Und Sie können auch über sich selbst lachen. Was bedeutet Humor für Sie?

Peter Gaymann

Ich habe ja in den letzten 50 Jahren viele Themen humoristisch beackert. Und habe dabei festgestellt, dass es gut ist, wenn ich einen gewissen Abstand zum Sujet habe, an dem ich arbeite. Mit einem Fuß drin und mit einem Fuß draußen. So entsteht die ironische Distanz, die mich auf die guten Ideen bringt.

Abstand relativiert manches. Wenn man einmal den Verkehr in Rom oder Köln erlebt hat, findet man eine mittelgroße Baustelle in Freiburg, Basel oder Colmar nicht so furchtbar. Wenn die Freiburger klagen, dass in ihrer Stadt Hochhäuser entstehen (welche Hochhäuser?) oder sich schier die Köpfe einschlagen, weil ein neues Fußballstadion geplant wird, dann muss ich zum Stift greifen und einen Cartoon zeichnen.

Auch während der Pandemie-Jahre habe ich versucht, einen Schritt zurückzutreten, um die Widersprüche, Lächerlichkeiten, Verrücktheiten, Ängste und Ärgerlichkeiten aufzugreifen und auch zu so einem schwierigen Thema humoristische Zeichnungen zu entwickeln.

Es gibt natürlich immer auch Stimmen, die glauben, dass man solchen ernsten Themen nicht mit Humor begegnen kann. Ich glaube aber fest daran, dass wir den humoristischen Blick nicht verlieren dürfen, gerade wenn es schwierig wird. Seit vielen Jahren zeichne ich auch Cartoons zum Thema Demenz oder für den Bundesverband Kinderhospize, für den ich Botschafter bin. Und zwar mit großem Erfolg. Humor ist ja gerade dann wichtig, wenn das Leben mal nicht so rund läuft. Jeder kennt das doch. Wenn sich das Leben von seiner schwierigen Seite zeigt, ist es toll, wenn uns ein Freund, eine Freundin zum Lachen bringt. Lachen entspannt, gemeinsam Lachen ist heilsam.

Gerhard Polt hat mal gesagt, dass Humor demokratiefördernd ist. Der Humorist muss frei sein. Muss kritisch sein. Muss Dinge hinterfragen. In Diktaturen ist Humor verboten. Karikaturisten werden eingesperrt, sogar ermordet.

Auf das Thema Dreiland bezogen kann es guttun, sich mit den Eigenschaften, Mentalitäten, auch Klischees der Nachbarländer auf humorvolle Weise auseinanderzusetzen. Wir sind zum Glück vielfältig. Es kann ja Spaß machen, sich mit den Prägungen der anderen zu befassen – und man spiegelt sich mit den eigenen Eigenschaften dann auch immer selbst. In den drei Ländern am Rheinknie gibt es charmante, prägnante, charakteristische Unterschiede – und manche bleiben sicherlich, obwohl sich die Menschen auf unserer globalisierten Welt auch immer ähnlicher werden.

Vita

Peter Gaymann

Peter Gaymann, geboren 1950 in Freiburg im Breisgau, gehört zu den erfolgreichsten und beliebtesten Cartoonisten in Deutschland. Nach dem Studienabschluss (Sozialpädagogik) in seiner Heimatstadt beschloss er, seiner künstlerischen Leidenschaft nachzugehen. 1976 machte er sich als humoristischer Zeichner selbstständig. Weit über hundert Bücher sind seither von und mit ihm erschienen – einige wurden Bestseller. Sein Markenzeichen sind die Hühner, die mit dem Kürzel P.GAY auf Postkarten, Kalendern, Postern und Radierungen der breiten Öffentlichkeit bekannt sind.

Veröffentlichungen und Serien in taz, Zeit Magazin, Bunte, Gong und vielen weiteren Zeitschriften und Zeitungen eröffneten Peter Gaymanns Cartoons ein großes Publikum. Für die Frauenzeitschrift Brigitte brachte er seit 1990 30 Jahre lang in der Reihe DIE PAAR PROBLEME die Herausforderungen im Zusammenleben von Mann und Frau auf den Punkt. 2014 wurde Peter Gaymann die Ehre zuteil, nach Janosch und Loriot für die Deutsche Post mit einer Auflage von 70 Millionen zwei Briefmarken zur Osterzeit zu entwerfen.

Mit der Aktion „Demensch", die er 2013 mit dem Gerontologen Prof. Dr. Thomas Klie ins Leben rief, widmet Peter Gaymann sich mit Fingerspitzengefühl dem Thema Demenz. Alljährlich erscheint seitdem ein Postkartenkalender mit neuen Motiven, die auch in diversen Ausstellungen durch das Land touren. Als offizieller Botschafter des Bundesverbands Kinderhospiz e. V. engagiert er sich seit vielen Jahren für schwerkranke Kinder.

Gaymanns Werke werden als Einzel- und Themenausstellungen im In- und Ausland in Galerien und Museen gezeigt.

(Foto: Photo Atelier Claudia Reiter)

Impressum

Band 38 der roten Schriftenreihe „Lörracher Hefte“ des Dreiländermuseums Lörrach ist eine Dokumentation der Ausstellung „Typisch Dreiland! Cartoons von Peter Gaymann“ vom 19. Juli bis 17. November 2024. Kuratiert und gestaltet wurde sie von Wolfgang Baaske, Müllheim im Markgräflerland, in Zusammenarbeit mit Aurea Hardt und Jan Merk.

Herausgeber für das Dreiländermuseum: Jan Merk
Autoren: Peter Gaymann, Jan Merk
Lektorat: Maike Schroff, Waltraut Hupfer
Grafik / Satz: unknown? Design & Marken-Kommunikation, Lörrach
Druck: Gutenberg Beuys Feindruckerei GmbH, Langenhagen

Rechte, Abbildungen

Bibliografische Information der Deutschen Nationalbibliothek

Die Deutsche Nationalbibliothek verzeichnet diese Publikation in der Deutschen Nationalbibliografie; detaillierte bibliografische Daten sind im Internet unter http://dnb.dnb.de abrufbar.

ISBN 978-3-96176-289-7

Abbildung Cover: Plakatmotiv der Ausstellung von Peter Gaymann, 2024

Wir danken für die Unterstützung:

Sparkasse Lörrach-Rheinfelden

Lörrach

MUSEUMS PASS MUSÉES